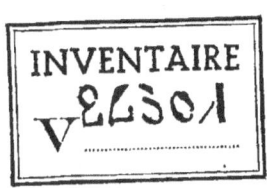

OBSERVATIONS
PHILOSOPHIQUES

Sur l'ufage d'expofer les Ouvrages de
Peinture & de Sculpture.

A MADAME LA BARONNE DE VASSE.

Par M. VIEL DE SAINT-MAUX.

A LA HAYE;

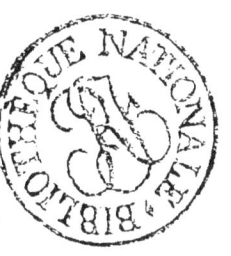

Et fe trouve à PARIS,

Chez BLEUET, Libraire, Pont Saint-Michel.

1785.

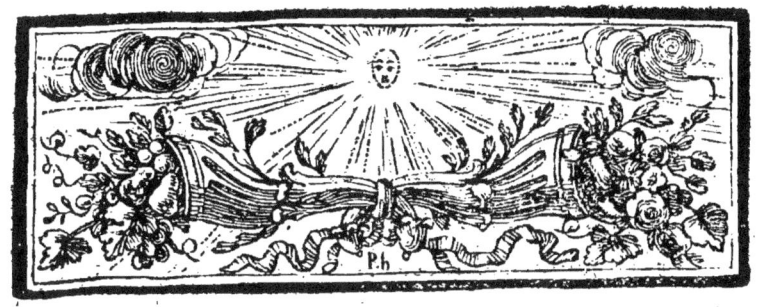

OBSERVATIONS
PHILOSOPHIQUES

Sur l'usage d'exposer les ouvrages de Peinture
& de Sculpture.

Vous voulez savoir, dites-vous, Madame,
pourquoi l'on fait des expositions de Tableaux;
quelle en est l'origine, & pourquoi, si cet usage
est utile, on n'en fait pas chaque année ou même
chaque jour. Vous voulez savoir pourquoi il pa-
roît beaucoup de critiques sur tous les ouvrages
de Peinture & de Sculpture, puisque les Artistes
ne sont point payés pour faire l'exposition de leurs
travaux; enfin quels sont ceux qui les critiquent,
& si ces critiques contribuent aux progrès des Arts.

Je doute si je pourrai répondre à toutes ces
questions, & je crois que vous seriez en état de
m'éclairer moi-même; cependant je ferai de mon
mieux pour m'en acquitter d'une maniere qui
vous satisfasse. Les mots *je veux*, *je voudrois*, que
vous prononcez souvent, ont tant de grace, que

A ij

j'aurois été fort étonné fi le beau fexe, qui fait l'ornement de ce monde, avoit abandonné aux feules Dames Françoifes cet agréable impératif.

Lorfqu'on aime les Arts, on défire fans ceffe jouir de leurs productions; on devance dans fon imagination le moment qui les fera paroître. Il femble même que ces productions influent fur la gloire de la patrie. Mais ce goût des Arts ne fe trouve pas communément; les connoiffeurs ne font pas toujours ceux qui achetent le plus de Tableaux. Vous favez qu'il n'eft pas rare d'en voir qui fe font inftruire par ceux qui dégradent journellement les productions des Artiftes, fous prétexte de les faire valoir, c'eft-à-dire par ceux qu'on appelle Marchands de Tableaux.

Non, tout le monde n'eft pas en état d'apprécier les chef-d'œuvres de la Peinture & de la Sculpture, quoiqu'ils foient du reffort des yeux. Il faut que la réflexion ait formé le jugement, & que cette réflexion ait été guidée par le goût & par le génie. Il faut diftinguer les différentes queftions que l'Artifte a dû fe faire à lui-même, le crayon à la main, avant de fe décider fur tel ou tel moment où la nature du fujet lui a fait impreffion; il faut juger par quel motif les perfonnages en action femblent vouloir agir, & fi le caractere relatif à l'intérêt de chacun d'eux eft développé d'une maniere noble & féduifante. Il faut diftinguer la liberté avec laquelle l'Artiste a sçu fixer son génie & maîtriser la couleur, malgré les modifications de lumiere, que lui procurent les différens instans du jour.

Un Peintre ne satisfait l'imagination que lorsqu'il sait la tromper, & que sur une surface il pousse des objets & en rapproche qui paroissent, pour ainsi-dire, plus près de nous que le Tableau ; lorsqu'il anime, par une magie qu'aucun discours ne peut rendre, ce que la nature présente d'agréable, de séduisant ou de terrible. Il se rend souverain & de la cause & des objets qu'il retrace ; il semble dérober à l'Eternel ce pouvoir créateur qui à nos yeux exprime les miracles de la nature, ses causes & ses modifications ; il nous fait sentir jusqu'à cette émanation de la Divinité, que nous appellons l'ame, au travers de quelques délinéamens couverts de terres colorées ; enfin dans son noble délire, il peint jusqu'à l'espace, & promene notre vue dans les airs.

Le Sculpteur, pénétré du sujet qu'il veut traiter, peut annoncer que l'argile qu'on lui présente, contient partiellement & à son gré l'ensemble d'un personnage, ou que telle masse renferme tel objet de la nature qu'il voudra créer. Il y trouve le présent & le passé ; il va ôter le superflu qui empêchoit le vulgaire d'appercevoir des figures qui expriment jusqu'aux mouvemens de l'ame : ces expressions

étoient dans le bloc même & dans son imagination ; il y trouve celle de la candeur, de la force,
&c. Maître de l'illusion, il nous y fait sentir
jusqu'à la mollesse des chairs & le flou des étoffes.

Cependant vous avez remarqué, Madame, que
rien n'étoit aussi ridicule que l'opinion de ceux
qui ne se connoissent point aux Arts, & qui néanmoins se rendent au Sallon pour les juger. Vous
vous amusiez fort de ceux qui proclampient des
objets inanimés, que les Artistes appellent *nature
morte*. En effet un petit pain, une poële à frire, un
gigot, un vase, un rideau, &c. leur donnent de l'en-
thousiasme & produisent leur exclamation (1) ;

_____

(1) Malgré les exclamations du peuple, si l'imitation
de ces objets étoit poussée jusqu'à tromper les yeux,
& qu'un Bourgeois de Paris les achetât pour la chose
réelle, il oublieroit la valeur de l'objet imité pour se
plaindre de ce qu'on l'auroit volé. Un pain mollet, une
poularde, &c. auroient selon lui une valeur mille fois
plus intrinseque. Quelques sots se récrioient un jour
sur ce que les Chinois attrapoient les Badauts avec des
imitations de viandes rôties ou autres objets, disant
qu'il falloit toute l'attention possible pour ne pas y être
attrapés. En vain leur observoit-on que ces représenta-
tions maintenoient leurs sens attentifs, & que leur langage peinture exigeoit sans cesse des facultés mémora-
tives moins utiles dans d'autres régions. L'hôtesse chez
laquelle on agitoit cette question, s'écria que les Chinois
étoient des filoux, & finit par demander s'il n'en venoit
jamais à la Halle.

tandis que ce qui exprime la vie & toutes les paf-
fions, tandis que des grouppes fublimes & élégans
qui retracent des actions mémorables & qu'on ne
fçauroit trop admirer dans plufieurs Tableaux, ne
leur caufent pas la moindre fenfation. La fcene de
l'univers femble n'être pas faite pour leurs yeux.
Sans l'expofition que plufieurs confiderent comme
une efpece de fpectacle, ils pafferoient alterna-
tivement devant chaque chef-d'œuvre, fans y
faire attention.

L'origine des expofitions des ouvrages des Arts
fe perd dans la nuit des tems. Elles étoient générales
fur la terre, lorfque toutes fortes d'images expri-
mant les devoirs des hommes, décoroient les murs
des villes, des temples & des maifons particulieres,
ainfi qu'on le pratique encore dans l'Afie méri-
dionale. Ces images ayant ceffé d'être employées
dans les caracteres alphabétiques des Européens,
n'en furent pas moins ufitées pour tout ce qui deve-
noit inftructif fur les caufes de la nature. Elles
furent encore réputées religieufes parmi les Marfeil-
lois, les Etrufques, les Grecs & les Romains. Chaque fête, chaque cérémonie publique, étoit fufceptible d'offrir aux yeux les productions de ceux
qui fe vouoient aux Arts. On étaloit avec pompe &
magnificence, celles qui étoient confacrées pour
les monumens religieux; les autres formoient une

branche de commerce qu'aucun moderne ne fçauroit apprécier. D'une époque à une autre, ces productions diverfes, l'avantage qu'elles avoient pro-
curé aux nations qui les cultivoient, les progrès
qu'elles avoient faits, n'étoient connus que par une
feule dénomination générique, qui défignoit tous
les progrès de l'efprit humain dans cette même
époque. Les Arts étoient confidérés alors comme
le principe du bonheur & de la félicité publique.
On auroit craint de voir vieillir la terre, fi elle
n'eût été honorée de telles productions. Ce n'eft
qu'infenfiblement que l'efprit de ces coutumes s'eft
dénaturé. Vous favez que parmi nous les maifons
étoient encore couvertes de peintures dans les der-
niers fiecles; & vous voyez que dans nos cérémo-
nies, on peut à peine fe paffer de Tapifferies & de
Tableaux, quoique les fujets qu'ils repréfentent
n'y paroiffent plus relatifs.

Cette ancienne affiliation dans les productions
des Arts, inconnue du vulgaire, m'a fait rappeller,
Madame, que vous étiez étonnée de ce que per-
fonne ne fe demandoit au fortir du Sallon, pourquoi
cette expofition? Que doivent plus à la fociété les
Peintres & les Sculpteurs que les autres citoyens?
Si chacun doit un hommage au jour qui eft confacré
à l'ouverture du Sallon, fi chacun doit un compte
à la fociété, pourquoi cette obligation ne fubfifte-

t-elle que pour les Arts imitateurs & rivaux de la nature ? La société a donc bien des égards pour ceux qui les profettent ? Ils font donc bien ref-pectés par les autres citoyens ? Car, pour faire agir les hommes dans toutes les circonftances de la vie, il y a des ordonnances fans nombre ; on a tracé jufqu'à la marche que doivent fuivre les penfées, les paroles & les actions ; on a noté jufqu'aux fons que doivent proférer ceux qui commandent les Troupes, tandis que fans ordonnance on voit re-naître les expofitions des Tableaux.

Les obfervations que vous auriez exigées n'au-roient pas été déplacées, quand même on auroit confidéré l'expofition comme un hommage des Artiftes relatif aux bienfaits que les Souverains ont accordés aux Beaux-Arts ; mais n'auroit-on pas demandé alors, pourquoi les autres Académies n'expofent pas auffi leurs ouvrages ? Pourquoi l'Académie Françoife, par exemple, n'expofe pas fes nouvelles recherches fur la langue ; l'Académie des Sciences, fes Mécaniques ; celle des Infcriptions, les Médailles nouvellement déchiffrées ; celle d'Ar-chitecture, les Deffins de ceux qui la compofent, avec une eftimation bien calculée de ce que coûteroient les édifices ? N'auroient-ils pas de-mandé auffi que l'Académie de Chirurgie pré-fentât les inftrumens nouveaux, utiles à fes opé-rations, & que celle de Danfe retraçât par fa chorégraphie ce qui fait l'objet de ſes délibérations (1)?

Si chaque claſſe de citoyens, devoit à pareille époque, juſtifier ſon exiſtence ; ſi chacun étoit alors ſoumis à la cenſure publique, en maniere d'expoſition générale, ce compte rendu à la ſociété deviendroit fort piquant. On demanderoit néanmoins, pourquoi on a choiſi la ſaiſon d'été pour faire les expoſitions, puiſque les gens les plus qualifiés ſont à la campagne (2).

Quoi qu'il en ſoit, il réſulteroit de cette maniere de rendre compte, les moyens de mériter l'eſtime publique, quand bien même on ne pourroit citer

___

(1) Cette Académie fut établie par Louis XIV, ſous le titre d'Académie royale de Danſe. Lorſque Dauberval y fut reçu, Veſtris qui préſidoit l'aſſemblée, ouvrit la ſéance par la queſtion : *Meſſiours, ou irons-nous dîner?* Après cette délibération intéreſſante & l'admiſſion du nouveau Membre, il propoſa de faire graver un cachet pour ſceller les expéditions. On prétend que la déciſion ſur les ſupports qu'on devoit employer, occupa 17 aſſemblées. Ceux qui étoient pour la force, demandoient un Hercule ; les autres ſoutenoient qu'il falloit des Anges pour exprimer la légereté. Combien l'expoſition d'un pareil cachet n'eût-elle pas été ſatisfaiſante pour le public ?

(2) A l'occaſion de cette expoſition qui commence le 25 Août, les Etrangers diſent que nous ſemblons ne fêter les Arts que par celui dont les troupes furent ravager les reſtes précieux de l'antiquité dans les contrées orientales.

de toute l'année qu'un seul exemple qui seroit re-commandable, & qui procureroit, comme parmi les Espagnols, le titre de *Brave un tel jour*. Mais les Arts ne se prêteroient jamais à cette paresseuse tolérance. Une année laborieuse ne suffit pas tou-jours pour produire des chef-d'œuvres. De grands Tableaux, des Statues, des Grouppes, enfin des ouvrages capables d'orner le Sallon, ne pourroient être perfectionnés au jour marqué, si l'exposition se faisoit annuellement, quand même le goût des Arts prendroit chez la nation le vol le plus rapide : il ne faudroit pas moins que les Artistes eussent le tems de réfléchir sur leurs ouvrages, & c'est ce motif qui a fait naître dans les expositions une année intermédiaire.

Rien n'empêche cependant de voir journelle-ment les chef-d'œuvres que renferme la Capitale. Faut il pour examiner des Tableaux, qu'on y soit pressé d'une maniere atroce, ou y rencontrer dans la foule les objets qui satisferoient nos plaisirs ? Le vulgaire ne voudra-t-il jamais s'appercevoir qu'il y a le plus souvent des choses merveilleuses placées au-dessus de sa tête dans les endroits qu'il parcourt ? Je ne vous dirai rien, Madame, des expo-sitions particulieres qui avoient lieu quelquefois dans la Capitale.

Dans les Arts, celui qui a acquis la plus grande réputation par de longues veilles & aux dépens de

fa fanté , doit fe facrifier encore ; car d'après l'opinion des Artiftes les plus célebres , il en coûte bien
plus pour maintenir cette réputation , qu'il n'en a
coûté pour l'acquérir. Ainfi l'impreffion que fait
un ouvrage fur celui qui l'a produit , au moment
où il va être expofé, eft fouvent un moment re-
doutable. En effet celui qui ne voit pas encore les
défauts de fon ouvrage dans l'inftant même qu'il
le livre au public , n'eft pas doué d'un jugement
qui furpaffe fa fcience , jugement que Léonard de
Vinci exige des vrais Artiftes , & fans lequel ,
dit-il, ils n'atteindront jamais le premier degré. Il
faut obferver auffi que le filence des Artiftes , juges
fuprêmes dans les Arts , en préfence de celui qui
a produit l'ouvrage, eft un filence terrible ; c'eft
le jugement le plus févere qu'il recevra de fa vie.
Il ne fçauroit concevoir aucun motif de jaloufie
capable de le juftifier à fes propres yeux. Une noble
jaloufie peut produire l'émulation ; mais l'Artifte
préfent , celui qui lui porte le plus d'envie , eft le
premier à le féliciter , s'il a furpaffé fon attente.
La préfence de l'homme de mérite imprime un
fentiment qu'on ne fauroit combattre : le flambeau
de la vérité fait difparoître toute baffe jaloufie. Si
les gens de lettres ne fe rendent pas toujours la
même juftice, elle n'en eft pas moins en ufage
parmi les Artiftes accoutumés à n'avoir que la
nature pour guide.

Je ne fçais fi le filence de l'Académie fur les ouvrages expofés, tandis qu'elle féliciteroit ceux qui
ont produit les plus recommandables, ne fuffiroit
pas pour l'Artifte qui ne fe feroit pas *évertué*; il
feroit au moins plus analogue à l'efprit des Arts, à
celui du droit des gens jugés par leurs pairs, à celui
de la raifon. Il feroit plus jufte & plus profitable,
puifqu'on parviendroit, fi l'Artifte l'exigeoit, aux
obfervations les plus falutaires. Mais appeller le
public à cet égard, fans confidérer que le connoiffeur admire le beau, & fe tait fur le médiocre;
fans confidérer que ceux qui critiquent ne fe con-
noiffent point aux Arts, & que ceux qui pourroient
fuggérer la critique, peuvent avoir des motifs peu
louables; c'eft fort peu connoître la fociété, qui
a plus befoin qu'on ne penfe de s'inftruire de ses
devoirs fur ces bienfaits de la Divinité que nous
nommons les Arts. Elle a befoin d'admirer cette
fublime imitation de la nature, pour réfléchir'fur
la nature même de laquelle le vulgaire s'éloigne
fans ceffe.

Ainfi admettre des décifions critiques, par la
voie de l'impreffion, que fouvent l'intérêt pécu-
niaire a fait produire; reconnoître indiftinctement
pour juges tous les hommes, fans avoir parcouru
dans fon imagination les claffes qui font incapables
de jugement, pour tout ce qui concerne les Arts,
& celles qui fe font une vertu de ne rien connoître;

c'eſt une inconſéquence qui ſans doute ne peut être que le fruit des préjugés les plus barbares.

En effet, à la lecture des critiques, on diſtingue toujours ceux qui les ont produites, faiſeurs d'E-trennes Mignones, Hiſtrions qui ont beſoin d'un dîner, mauvais plaiſans qui tranſportent le lecteur à la guinguette, ou à la Halle, pour enſuite venir juger le Sallon : On y découvre juſqu'à ceux qui tiennent à des ruſes; mais ce qu'il y a de plus ſurprenant, c'eſt que l'Académie qui a le droit de veiller à l'impreſſion des ouvrages qui la concernent, laiſſe vendre ces pamphlets à l'entrée du veſtibule qui conduit au Sallon. Enfin tandis que quelques Artiſtes outragés par des plaiſanteries groſſieres, n'apperçoivent que le public dans ces critiques, ne pourroient-ils pas y ſoupçonner quelque en-nemi des Arts, qui ſe maſque ſans ceſſe ſous des rapports qui le cachent aux yeux des moins clair-voyans ?

Tantôt c'eſt un Milord qui parle, tantôt c'eſt Malboroug, perſonnage qu'on n'a fait chanter que par quelque ruſe indécente, & dont le monument élevé à ſa gloire, dans la ville de Londres, inſulte à notre nation. Tantôt ce ſont des perſonnages ridi-cules qui forment les acteurs de la ſcene critique qui concerne les Tableaux. On y a fait parler juſ-qu'à des Abbés, comme s'il en exiſtoit qui ſe fiſſent un mérite de ſe connoître en peinture.

Si les Artiftes conviennent que le nombre des connoifleurs eft infiniment petit, ce petit nombre a feul le droit de juger les productions qui honorent la patrie & le fiècle qui les voit naître. Il eft des êtres qui défireroient que tout fût critiqué, parce qu'ils ne favent rien apprécier, ni diftinguer aucun mérite. Incapables de rien produire de grand ni de louable, ils voudroient fans doute que tout leur reffemblât.

Parmi les branches d'induftrie qui peuvent répandre le bonheur & l'aifance, l'illuftre Montefquieu obferve qu'un Peintre avec un écu de couleurs peut faire un Tableau qui vaudra trois mille livres. On peut ajouter que cet écu de couleurs ne fortira pas du Royaume, & que ce même Tableau pourra fe vendre jufqu'à dix mille livres, après la mort de l'Artifte. Les Etrangers nous ont enlevé nos Tableaux les plus précieux. Quel eft donc le commerce qui pourroit fe comparer à celui-là, s'il étoit vivifié comme il devroit l'être ? où fans perte d'hommes, de navires, de provifions où d'efpeces d'or fubmergées, on peut faire rentrer un gain auffi noble & auffi légitime (1).

Pour raifonner avec quelques principes fur le

---

(1) On a vû des Artiftes faire des deffins, qu'ils vendoient eux-mêmes 300 livres, fur une feuille de papier d'un liard.

dommage caufé aux Arts & aux Artiftes, par la critique des Tableaux, il faut une fuite d'idées dont la plupart des gens font incapables; il faut des renfeignemens utiles & précis. On a vu des Artiftes dégoûtés d'expofer leurs ouvrages au Sallon; on a vu des particuliers, qui, après avoir commandé le Tableau expofé, ne vouloient plus le prendre, après la lecture des critiques, & plaider même pour ne pas y être forcés, alléguant qu'il n'avoit pas été fait dans le tems prefcrit, comme fi les chef-d'œuvres fe commandoient la montre à la main. Rien n'eft auffi rifible que la jurifprudence de nos gens de pratique, lorfqu'ils s'évertuent fur ce qui concerne les Sciences & les Arts. Ces objets leur feroient-ils auffi étrangers, que s'il exiftoit des efpaces inacceffibles entre eux & les états qui font la gloire & le bonheur de la fociété (1)?

S'eft-on demandé la dépenfe que peut faire un Artifte, lorfqu'il veut parvenir jufqu'à la célé-

---

(1) Depuis la renaiffance des Arts, on a fuivi fur tout ce qui les concerne les idées des fiecles de barbarie, & les fiecles s'écouleroient fans qu'aucun Jurifconfulte vienne au fecours des Artiftes. Car lorfqu'on cherche à abufer de leurs productions, & qu'ils veulent recourir aux Loix, un Procureur ou un Clerc les infultera dans fes griffonnages pour foi-difant défendre fa partie, & fouvent l'Avocat n'aura pas pour eux plus de déférence.

brité ?

brité? Sait-on combien fon éducation eft difpen-
dieufe? Calcule-t-on que les frais de modele ab-
forbent le plus fouvent le gain qu'il pourroit faire?
& s'eft-on demandé s'il falloit la fanté la plus ro-
bufte ou le régime le mieux obfervé, pour foute-
nir une application continuelle , & travailler fans
ceffe les bras levés? Sait-on que le produit d'un
feul Tableau peut fouvent coopérer à toute per-
fection de l'Artifte & l'acheminer pour en produire cent? Pourquoi donc, dans des Arts auffi
fublimes que ceux de la Peinture & de la Sculpture, admettre des critiques indécentes? Pourquoi
même des critiques, fi elles ne fervent qu'à fixer
l'opinion des perfonnes peu réfléchies, & fi les
complimens qu'on fait à l'Artifte, fur un chef-
d'œuvre, n'équivalent pas aux acclamations, aux
bravo, aux battemens de mains, &c. qu'on ac-
corde journellement aux Comédiens & aux Joueurs
de violon (1).

Enfin fous prétexte que le barbouilleur de plancher forme
corps de maîtrife, tous les Praticiens de notre Châtelet
vivant au milieu de la capitale, centre des Sciences &
des Arts, appellent *Maîtres Peintres* tous ceux qui font
des Tableaux. Leur cerveau n'a pas pu diftinguer encore
l'ouvrage de l'Artifte de celui de l'Artifan.

(1) On a vu des Artiftes, qui, pour expofer leurs
Tableaux d'aggrégation ou autres, les ont fait venir
à leurs frais, fouvent de très-loin, avec la permiffion de

Il s'enfuit donc que les critiques, qui ont fouvent une fource ignorée, font onéreufes pour l'Art
rival de la nature, qui ne fauroit être trop refpecté,
fi toutefois la nation fait refpecter quelque chofe.
Faire rire les Etrangers aux dépens de ce qu'elle peut
offrir de plus précieux & de plus confolant relativement au tems qui difparoit fans ceffe, & qui
ne fauroit être honoré plus précieufement que par
les productions des hommes de génie ; c'eft une
inconféquence blâmable. On voit que faute de
vrais connoiffeurs, la Sculpture moins fufceptible
de modification que la Peinture, & dont les beautés font moins apparentes aux yeux du vulgaire, a
effuyé moins de critiques. Il s'enfuit auffi que fi
quelque Philofophe analyfoit quelles pourroient
être les entraves femées dans les Arts, il en dé-
couvriroit plus qu'on ne penfe.

Une fociété qui exigeroit fans ceffe des chef-
d'œuvres de tous les Artiftes qu'elle poffede, ne
devroit-elle pas examiner auparavant fi elle eft un
chef-d'œuvre elle-même, relativement à fa confti-

---

ceux qui en avoient fait l'acquifition ; ce n'eft donc pas
la peine de s'expofer à perdre le Tableau & à payer des
frais de tranfport, pour courir le rifque d'être infulté par
des critiques fouvent indécentes ? Nous difons *indécentes*,
puifqu'en 1779, on s'eft fervi du terme de *maraud* envers
un Artifte favant & eftimable.

tution, à ses usages, à son hommage envers les
Artistes, &c.? Ne faudroit-il pas qu'elle examinât
si ceux qui professent les Arts, & qui étoient capables de remplir tel autre état de la société, n'ont
pas à se repentir le plus souvent de la carriere qu'on
leur a fait parcourir, en les y livrant dès l'enfance,
tems où ils ne pouvoient distinguer les ressorts de
cette même société? Ce ne seroit donc qu'après
qu'on auroit répandu sur eux des bienfaits très-
distincts & dont ils auroient abusé, qu'on pourroit
se livrer à la critique à leur égard ; encore faudroit-il
remarquer si tout Artiste est en état de toujours
créer.

Au contraire on n'apperçoit que préjugés défa-
vorables sur tout ce qui tient aux Arts, & la qualité
de Bourgeois sonne mieux à l'oreille d'un Fran-
çois, que celle de Peintre ou de Sculpteur. Cette
qualité a été même outragée par de soi-disant Lit-
térateurs (1), qui non contens de les considérer
comme gens inutiles & paresseux, les ont confon-
dus avec les Comédiens, sans nous dire la réponse
que pouvoient leur faire ces Artistes. L'un de ces
Iconoclastes fait parler Platon sans expliquer le sens

_____

(1) Voyez le traité des Statues parmi les anciens,
pag. 267 & 370, par l'Abbé de Guasco, & les An-
nales de l'Abbé de S. Pierre, édition de Londres 1758,
tom. I, pag. 184, 185 & 186.

du paſſage qui raméneroit à des connoiſſances utiles, puiſque les Peintres & les Sculpteurs dérivent des Scribes appellés *Sacrés* parmi les anciens peuples de la terre. L'autre qui dit que la Peinture, la Sculpture, la Poéſie, la Comédie, l'Architecture prouvent le nombre des fainéans & leur goût pour la fainéantiſe, s'eſt bien gardé à ſon tour de citer l'origine de tous ces objets, de peur d'être apprécié lui-même (1).

Vous diſtinguez, Madame, ceux qui dans leurs Tableaux ne cherchent qu'à produire de l'effet, d'avec ceux qui, non contens de cette apparence flatteuſe, cherchent encore à ſe rendre utiles à tous ceux qui veulent ſe former dans les Arts, c'eſt-à-dire qu'ils font des ouvrages qui peuvent ſervir d'école, &, par les divers éleves, tranſmettre le goût d'une poſtérité à l'autre.

Je ſuis étonné qu'on n'ait pas décrit la noble magie & le langage poétique de leurs travaux, en citant les Artiſtes qui parmi nous ont le plus contribué à cette école. Quelle différence de celui qui ſe rend compte de tous les objets qui compoſent ſon Tableau, qui raiſonne ſes contours & leurs

---

(1 Les Repréſentations théatrales conſervèrent les traces de leur origine, c'eſt-à-dire qu'elles mettoient en action les divinités ſymboliques, déſignant les cauſes de la nature, exprimées dans les poëmes jubilaires.

mouvemens , qui fait sentir le nud au travers des
draperies , en commandant à tous les plis ? qui
varie les expreffions & leur donne la nobleffe dont
elles font fufceptibles, qui modifie la lumiere &
qui donne la vie à tout ce qui eft chair , enfin qui
de fon Tableau fait une fraction de l'univers ?
Quelle différence , dis-je , d'avec celui qui ne
cherche qu'à féduire par le premier coup d'œil ,
qui ne peint que de pratique & fans confulter la
nature ? Celui-ci ne fait que des travaux éphé-
meres ; le connoiffeur les oublie auffi-tôt qu'il les
a vus.

On ne croiroit qu'à peine que les beautés réelles
de l'Art de la peinture fuffent difficiles à faifir,
puifque plufieurs Artiftes , envoyés à Rome, ne
favoient point apprécier les ouvrages de Raphaël
& des autres grands maîtres, fous prétexte fans
doute , que tout ce qui eft controuvé, relativement
à la vraie nature , ne fe trouvoit pas dans leurs
Tableaux. Comment le vulgaire fe croiroit-il connoiffeur, après ces exemples qu'on ne fauroit ré-
voquer en doute , puifque les Artiftes de la nation
le certifient (1) ? Comment, & par quel preftige

_____

(1) Un de nos Peintres les plus célebres , lequel a
contribué par nombre de chef-d'œuvres à donner du re-
lief a l'Ecole Françoife, étant à Rome, dans fa jeuneffe ,
demanda à un de fes camarades nouvellement arrivé, ce
qu'il penfoit des Tableaux de Raphaël; celui ci ré-

ne peut-on rendre par l'élocution les beautés in-
finies & les combinaisons que doit enfanter l'imagination pour produire un chef-d'œuvre dans l'Art
de la Peinture, quoiqu'il ne faille qu'imiter la
nature ?

Le plaifir de l'Artifte, lorfqu'il crée un ouvrage ;
celui de le perfectionner ; le plaifir de fentir dans
fon imagination les idées ou plutôt les femences
d'un autre ouvrage, font pour lui des momens fi
précieux & fi fatisfaifants, que fa jouiffance ne
fauroit être juftement appréciée. Sa vie eft toujours
active, toujours pleine de cette noble effervefcence
qu'il tient de l'Etre fuprême, & des facultés qu'il
prodigue à tout mortel ; fes fenfations ne font point
étouffées par des futilités, qui procurent plutôt
l'ennui que le bonheur à tous les autres hommes.
Toujours pénétré des caufes de la nature & de fes
modifications, ce délire & cet enthoufiafme l'é-
levent tellement au-deffus du vulgaire, qu'on a jugé
l'Artifte digne de recueillir après lui tous les faits
qui ont été relatifs à fes jours.

Quant aux autres queflions, Madame, conte-

_____

pondit qu'il aimoit mieux ceux de M. Boucher, fous
lequel il avoit étudié. L'autre lui obferva que dans moins
de quinze jours, il changeroit de fyftême ; mais n'ayant
pas fu ouvrir les yeux fur les beautés que renferme la ville
de Rome, l'Artifte célebre dont nous parlons lui confeilla
de partir, de crainte qu'il ne fe gâtât le goût.

nues dans la lettre que vous m'avez fait l'honneur de m'écrire, pour me demander ces éclairciffemens, je ne fais fi les Artiftes, occupés fans ceffe de leur état, peuvent être accufés d'indolence fur les lumieres qu'ils auroient pu procurer, relativement aux différentes branches de commerce qui émanent des Arts. Je ne fais, par exemple, s'ils auroient pu empêcher le commerce des Eftampes étrangeres, au détriment de celles de la nation. Quoi qu'il en foit de vos obfervations, je vous prie d'être perfuadée de mon empreffement à y répondre. C'eft une correfpondance trop flatteufe, pour que je la néglige ; mais permettez, je vous prie, que je renvoie ces difcuffions au premier jour. En attendant, je vais jetter les yeux fur un petit ouvrage, tracé depuis long-tems, que je voulois intituler *Effai fur les Artiftes.* J'avois ceffé de les fréquenter, relativement à cet effai, pour mieux juger enfuite, fi je les avois appréciés tels qu'ils doivent l'être.

Je fuis avec refpeƈt, &c.

www.ingramcontent.com/pod-product-compliance
Lightning Source LLC
Chambersburg PA
CBHW070958240526
45469CB00016B/1830